Mediencenter 50plus *Edition*

Windows 10 für Umsteiger

von Bernd Walter

Inhaltsverzeichnis

Vorwort

„Informieren – Lernen – Erleben", unter diesem Leitmotiv haben wir im Münchner Mediencenter 50plus seit dem 18. März 2004 bereits tausenden Menschen „über 50" den Weg in die „Neuen Medien" geebnet. Die Erfahrungen im Schulungsbereich führten auch zur Überlegung, diese in Buchform einem größeren Publikum zugänglich zu machen und damit zum besseren Verständnis neuer Technologien beizutragen. Während der Recherchen ist uns aufgefallen, dass viele Veröffentlichungen äußerst ausführlich Sachverhalte beschreiben, dabei aber unserer Meinung nach die Leserinnen und Leser überfordern. Mit der Wucht der Informationsfülle werden diese schier erschlagen. Hier wollen wir einen Kontrapunkt setzen. Unsere Publikationen sind bewusst einfach und kurz gehalten. Der Anspruch ist nicht die Vollständigkeit bis ins letzte Detail, sondern es Ihnen schnell zu ermöglichen, die alltäglichen Dinge sicher bewältigen zu können.
Mit Windows 10 hat Microsoft einen weiteren Anlauf unternommen, das Beste aus der Welt der Tablets und Smartphones mit der des PCs zu verbinden. Da es sowohl für Windows 7, als auch für Windows 8, eine kostenlose Upgrade Möglichkeit gibt, und Windows Vista immer älter wird, steht für viele Nutzerinnen und Nutzer ein Umstieg an. Mit dieser Ausgabe **"Windows 10 für Umsteiger"**, halten Sie ein Buch in den Händen, das Ihnen diesen erleichtern wird.

Das didaktische Konzept dieses Buches

Dieses Buch fängt nicht bei „Adam und Eva" an, sondern setzt schon gewisse Erfahrungen mit früheren Windows - Betriebssystemen voraus. Schweißausbrüche müssen Sie deswegen trotzdem nicht bekommen, das Niveau ist magenschonend.
Da Bilder bekanntlich mehr sagen als 1000 Worte, sind die einzelnen Kapitel reich bebildert. Damit Sie die Orientierung auf Ihrem Bildschirm behalten, wird es immer mindestens einen Screenshot (Bildschirmfoto) geben, welcher das Programmfenster in seiner Gesamtheit zeigt. Wenn es erforderlich ist, werden noch Detailaufnahmen zum besseren Verständnis dargestellt.
Damit Sie wissen, womit Sie worauf wie oft klicken müssen, sind die Screenshots mit Pfeilen in Richtung der erforderlichen Schaltfläche versehen. In diesen Pfeilen steht, wenn nötig, wie oft Sie jeweils mit der linken oder wann Sie mit der rechten Maustaste klicken müssen. Sollte nichts in den Pfeilen stehen, handelt es sich um einen Hinweispfeil.

Beispiele:

Alle Klarheiten beseitigt? Dann kann es ja losgehen. Ich wünsche Ihnen viel Spaß beim Lesen und ebenso viel Erfolg beim Lernen.

Ihr Bernd Walter.

Acht plus eins ist zehn …

Vielen von Ihnen ging es sicherlich so wie mir. Irgendwie erschloss sich die Logik der Namensgebung des neuen Windows - Betriebssystems nur sehr zögerlich, hatte ich in der Schule gelernt, dass nach der Zahl Acht doch die Zahl Neun und nicht die Zehn kommt.

Die Internetforen liefen heiß, was mag wohl der Grund dafür sein, dass die Neun ausgelassen worden ist? Es begannen sich die abenteuerlichsten Mythen zu bilden, welchen Microsoft mit einer ganz banalen offiziellen Erklärung begegnet ist.

Da Windows 10 einen so großen Fortschritt bedeutet, müsse man eine Versionsnummer überspringen, um dies dadurch für den Nutzer auch kenntlich zu machen. Aha, so ist das also … Böse Zungen würden an dieser Stelle behaupten, dass sich der US – Softwaregigant einfach nur von seinem großen wirtschaftlichen Misserfolg Windows 8 so weit wie möglich distanzieren wollte, aber zum Glück haben wir ja keine bösen Zungen.

Ein Gerücht möchte ich Ihnen allerdings nicht vorenthalten. Im Online – Netzwerk „Reddit" meldete sich ein angeblicher Microsoft - Programmierer zu Wort, der den wahren Grund zu kennen meinte. Aufgrund eines vermeintlichen Programmierfehlers würden Programme von sogenannten „Drittherstellern", wenn diese die Windowsversion abfragen, nur „Windows 9" abfragen. Das Problem dabei, das fragende Programm stellt dabei fest, dass man Windows 95 oder Windows 98 benutzen würde. Das stimmt natürlich nicht, könnte aber trotzdem zu Fehlern führen. Dieses Risiko erschien Microsoft zu groß, daher wurde Windows 9 einfach übersprungen.

Ob das die Wahrheit ist? Wir werden es wohl nie erfahren …

Der Desktop

Genug der grauen Theorie, wenden wir uns der Praxis zu. Wenn Sie Ihren PC starten, dann kommen Sie automatisch zur grafischen Benutzeroberfläche, genannt Desktop. Sie werden feststellen, dass sich, mal abgesehen vom moderneren Design, gar nicht so viel zu den Vorgängerversionen geändert hat.

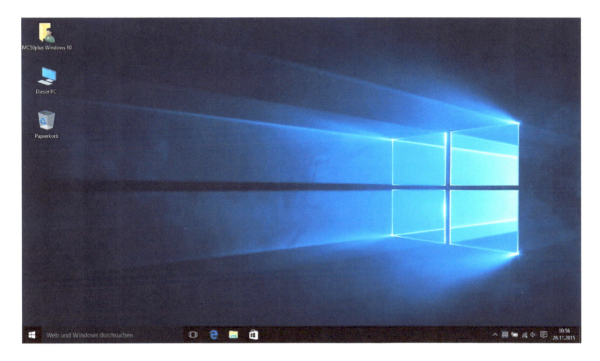

Der Desktop im Überblick

Sie kennen sicher noch die einzelnen Elemente des Desktops, aber etwas Wiederholung kann nicht schaden. Sehen wir uns die Windows - Benutzeroberfläche einmal im Detail an.

Die Windows - Programm – bzw. App – Fenster

Namensgebend für das Betriebssystem Windows, was zu Deutsch Fenster bedeutet, sind eben diese Fenster, in welchen sich Ordner und Anwendungen öffnen. Seit dem Erscheinen von Windows 8 gibt es zwei unterschiedliche Arten von Anwendungen, die sogenannten **Desktop - Apps** und die **Windows Store - Apps**. Als Desktop – Apps werden Programme bezeichnet, die bereits auf älteren Betriebssystemen gelaufen sind, z. B. Word, Excel, PowerPoint usw. Diese werden in der Regel mit einem Datenträger installiert oder über eine Internetseite heruntergeladen und installiert. Im Falle der Windows Store – Apps werden die Anwendungen ausschließlich über den zentralen App – Store bezogen. Dieses System ist Ihnen vielleicht von Tablets und Smartphones bekannt. Wenn Sie den Windows App - Store nutzen möchten, müssen Sie bei Microsoft registriert sein, also ein Microsoft - Konto haben. Dieses Thema behandeln wir in einem der folgenden Kapitel ausführlich. Bei Windows 10 ist der Unterschied zwischen den jeweiligen Fenstern glücklicherweise nicht so groß wie beim Vorgänger, aber doch vorhanden.
Sehen wir uns das einmal genauer an:

Das Desktop – App und Ordnerfenster

Das Windows Store – App - Fenster

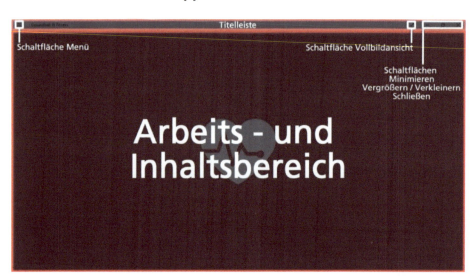

Die Snap - Funktion

Die Snap – Funktion gibt es seit Windows 7. Wenn Sie mit zwei Fenstern gleichzeitig arbeiten wollen, können Sie hier sehr einfach den Bildschirm teilen, ohne die Fenstergröße mühsam manuell einstellen zu müssen. Windows 10 geht sogar noch einen Schritt weiter, Sie können jetzt sogar mit bis zu vier Fenstern gleichzeitig arbeiten, sofern Sie das möchten. Anhand von zwei Beispielen zeige ich Ihnen, wie das geht.

Mit zwei Fenstern

Rufen Sie die zwei Programmfenster auf, mit welchen Sie parallel arbeiten wollen. Zeigen Sie nun mit der Maus in die Titelleiste des ersten Fensters, **halten Sie die linke Maustaste gedrückt,** und ziehen Sie das Fenster bis an den Seitenrand. Wichtig dabei ist, dass der Mauspfeil den Seitenrand berührt.

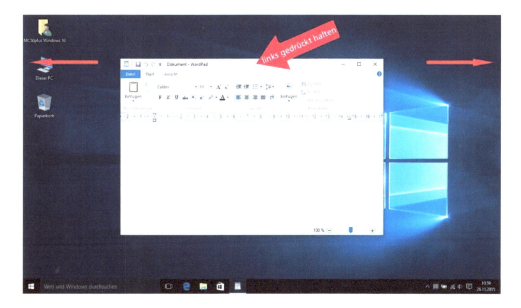

Es entsteht nun ein durchsichtiger Rahmen, der die künftige Größe des Fensters anzeigt. Lassen Sie nun die linke Maustaste los. Das Gleiche machen Sie mit dem zweiten Fenster in die Gegenrichtung.

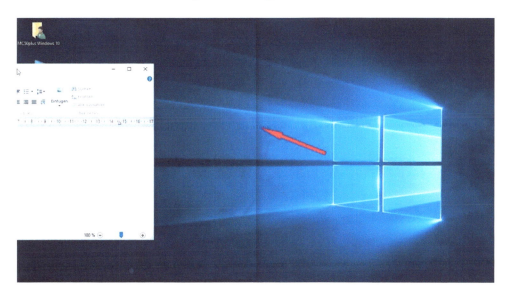

Das Ergebnis:

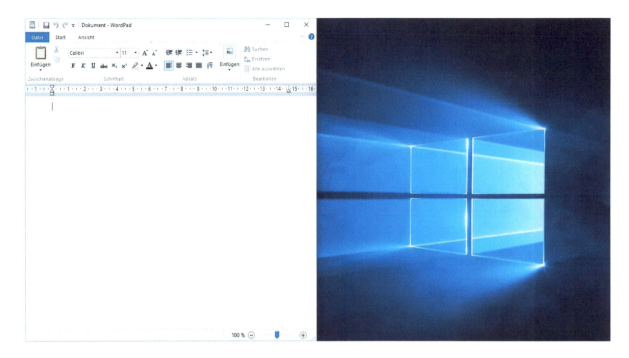

Mit vier Fenstern

Wie im vorhergegangenen Beispiel rufen Sie die Programme auf, mit welchen Sie parallel arbeiten wollen. Auch hier zeigen Sie mit der Maus in die Titelleiste und halten die linke Maustaste gedrückt, allerdings ziehen Sie das Fenster in eines der Ecken. Achten sie auch hier darauf, dass der Mauspfeil die Ecke berührt.

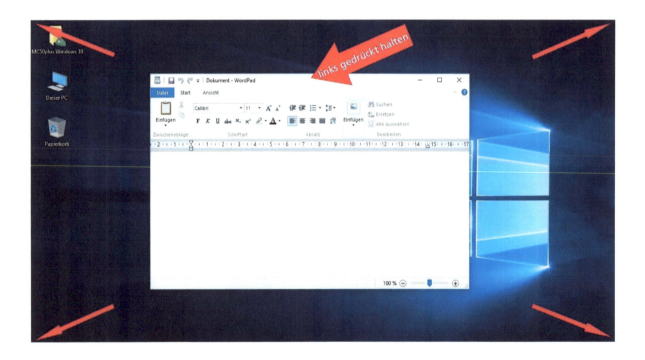

Es entsteht wieder ein durchsichtiger Rahmen, der allerdings kleiner ist als vorher. Lassen Sie nun die linke Maustaste los, und das Fenster nimmt nun ca. ¼ der Seite ein. Die anderen Fenster schieben Sie in die übrigen Ecken, fertig.

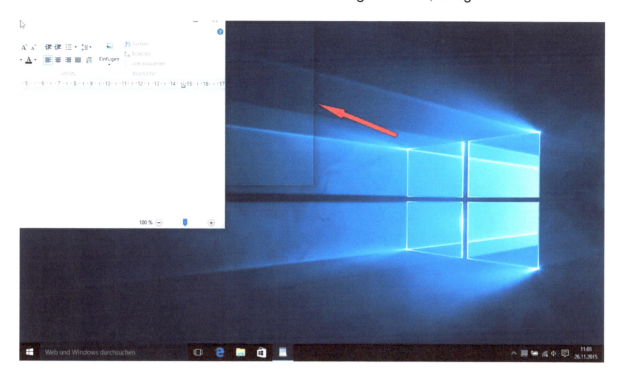

Das Ergebnis:

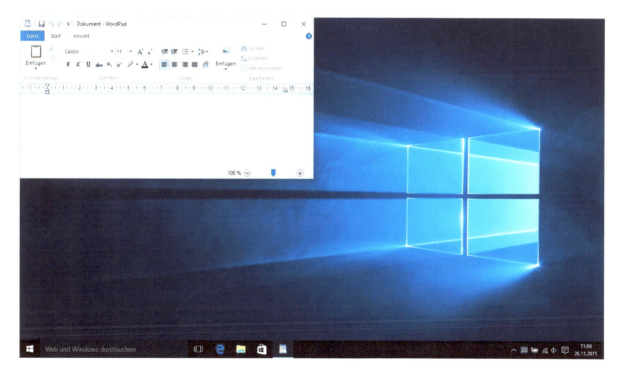

Das Startmenü

Das zentrale Steuerelement seit Windows 95 ist das sogenannte Startmenü. Mit Windows 8 einem Startbildschirm gewichen, wurde es in Windows 10 auf Kundenwunsch wieder eingeführt. Dieses öffnet sich, wie in den vorhergehenden Versionen auch, entweder mit einem Klick auf den Startknopf oder mit einem Druck auf die Windowstaste Ihrer Tastatur.
Verschaffen wir uns einmal eine Übersicht über die wichtigsten Schaltflächen und Funktionen des Startmenüs:

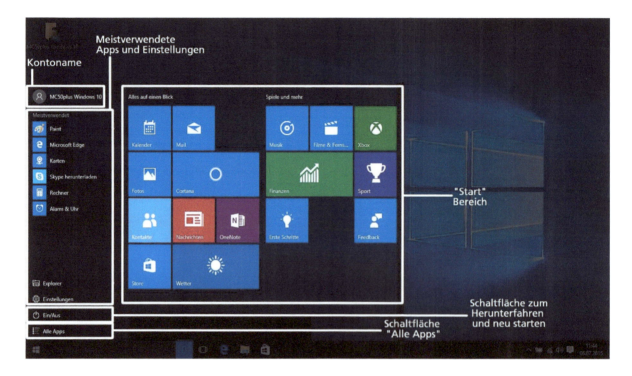

Beginnen wir auf der linken Seite des Startmenüs. Ganz oben wird Ihnen der **Name des Benutzerkontos** eingeblendet, mit dem Sie gerade angemeldet sind.
Darunter werden Ihnen die **meistverwendeten Apps und Einstellungen** angezeigt.

Unter diesen befindet sich die Schaltfläche, um Ihren **Computer herunterzufahren**, **neu zu starten** oder diesen in den **Energiesparmodus** zu versetzen.

Mit einem Klick auf den Button „**Alle Apps**" haben Sie die Möglichkeit, sich alle auf Ihrem Computer installierten Apps nach dem Alphabet geordnet anzeigen zu lassen. Mit einem Klick auf „**Zurück**" befinden Sie sich wieder in der vorhergehenden Ansicht. Apropos Apps, haben Sie sich schon einmal gefragt, wo denn die guten alten Programme geblieben sind? Seit Windows 8 heißen diese nur noch Apps. Diese Begrifflichkeit haben Sie vielleicht in einem anderen Zusammenhang schon einmal gehört, nämlich im Bereich der Tablets und Smartphones. App ist übrigens die Abkürzung für Application, was zu Deutsch Anwendung bedeutet.

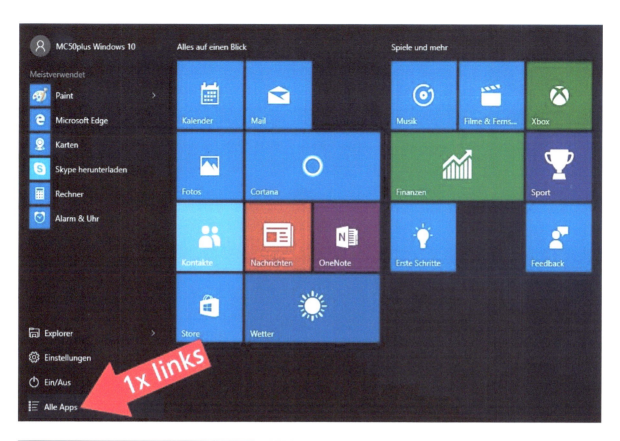

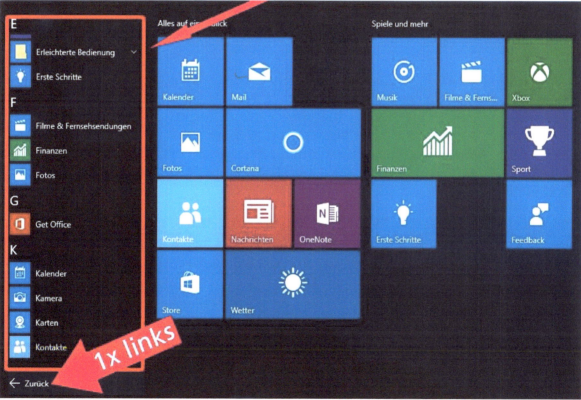

Auf der rechten Seite finden Sie den „**Startbereich**". Hier können Sie sich die Apps anheften, die Sie oft brauchen (folgt im nächsten Kapitel). Sie haben ferner die Möglichkeit, die Apps nach frei wählbaren Überbegriffen zu sortieren. Mit einem Linksklick über den Kacheln öffnet sich ein Textfeld, in das Sie einen von Ihnen gewählten Namen eingeben können.

Hier ein Beispiel:

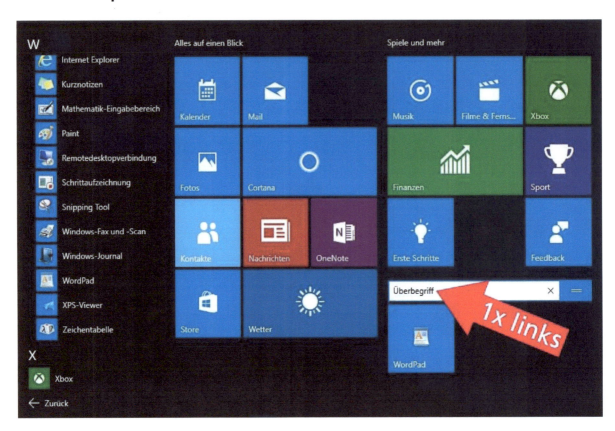

Verknüpfungen erstellen

Im Folgenden möchte ich Ihnen zeigen, wie Sie Verknüpfungen Ihrer Apps auf dem Desktop, im Schnellstartbereich der Taskleiste und im Startbereich des Startmenüs erstellen.

Egal wo Sie Ihre Verknüpfung erstellen wollen, der Weg dahin ist erst einmal immer gleich. Öffnen Sie mit einem Linksklick auf den Startknopf das Startmenü, und klicken Sie auf **„Alle Apps"**. Jetzt sehen Sie alle auf Ihrem Computer installierten Anwendungen.

Suchen Sie sich nun eine App aus, mit der Sie eine Verknüpfung erstellen wollen. Ich habe mir als Beispiel das „WordPad" ausgesucht.

Ich klicke nun mit der rechten Maustaste auf die App, es erscheint ein Kontextmenü mit den Befehlen **„An Start anheften"** und **„Mehr"**. Wenn ich auf diesen Menüpunkt zeige, erscheinen die Befehle **„An Taskleiste anheften"** und **„Dateipfad öffnen"**. **„Als Administrator ausführen"**, können Sie für diese Übung ignorieren.

Die Befehle **„An Start anheften"** und **„An Taskleiste anheften"** sind selbsterklärend. Mit einem Linksklick erstellen Sie eine Verknüpfung im Startbereich des Startmenüs und im Schnellstartbereich der Taskleiste. Etwas komplizierter verhält es sich mit der Erstellung von Verknüpfungen auf dem Desktop. Mit einem Klick auf den Befehl **„Dateipfad öffnen"** öffnet sich ein Fenster, in welchem sich unter anderem die App befindet, die ich auf den Desktop verknüpfen will. Ich klicke mit der rechten Maustaste darauf, zeige dann auf **„Senden an"** und klicke mit der linken Maustaste auf **„Desktop (Verknüpfung erstellen)"**. Voilà!

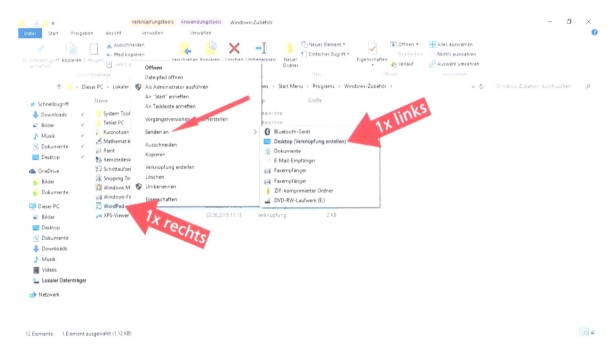

Mindestens genauso wichtig wie die Erstellung einer Verknüpfung, ist die Frage, wie ich mich eben dieser wieder entledigen kann. Mit einem Rechtsklick auf das entsprechende Symbol erscheint ein Kontextmenü mit dem Befehl zur Entfernung der Verknüpfung. Auf der Taskleiste heißt dieser **„Dieses Programm von der Taskleiste lösen"**, im Startbereich **„Von Start lösen"** und auf dem Desktop heißt dieser ganz lapidar **„Löschen"**. Da diese Frage immer wieder im Kurs gestellt wird, beantworte ich diese gerne präventiv. Nein, es wird durch diese Aktion nicht das gesamte Programm deinstalliert, sondern nur das jeweilige Symbol entfernt. ☺

Entfernung von der Taskleiste

Entfernung aus dem Startbereich

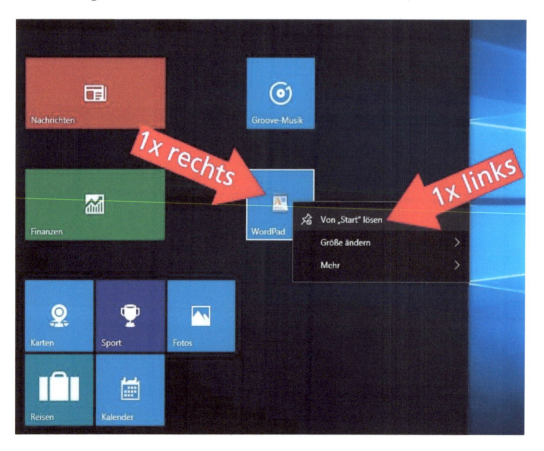

Entfernung vom Desktop

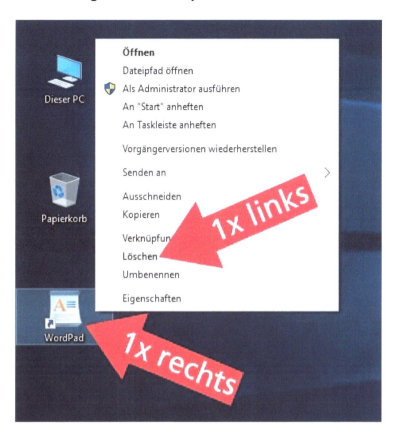

„Benutzerdaten", „Dieser PC" und „Papierkorb" auf den Desktop legen

Bleiben wir noch etwas bei den Verknüpfungen. Sie haben sich vielleicht schon gefragt, wie man diese für die **Benutzerdaten**, **Dieser PC** oder den **Papierkorb** auf den Desktop legt? Ich zeige Ihnen wie es geht.

Klicken Sie zuerst mit der rechten Maustaste mitten auf den Desktop, sozusagen „ins Leere". Es erscheint, wie von älteren Windows - Betriebssystemen gewohnt, ein Kontextmenü. Wählen Sie im Anschluss mit der linken Maustaste den Befehl **„Anpassen"** aus.

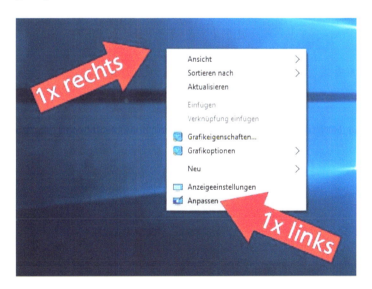

Im nun erscheinenden Fenster klicken Sie auf „**Designs**".

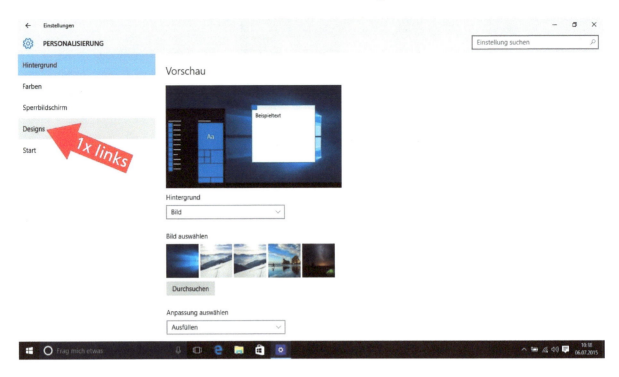

Klicken Sie auf „**Desktopsymboleinstellungen**".

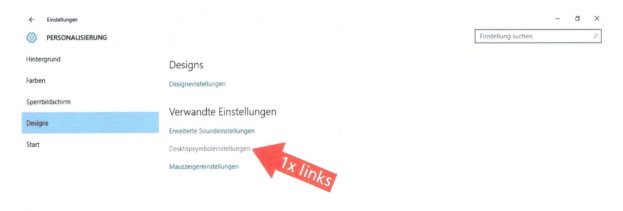

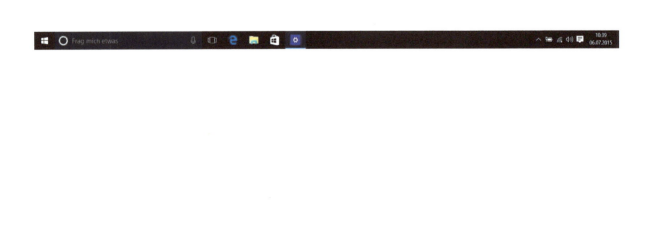

Im folgenden Dialog können Sie die gewünschten Desktopsymbole auswählen und anschließend mit „**OK**" bestätigen.

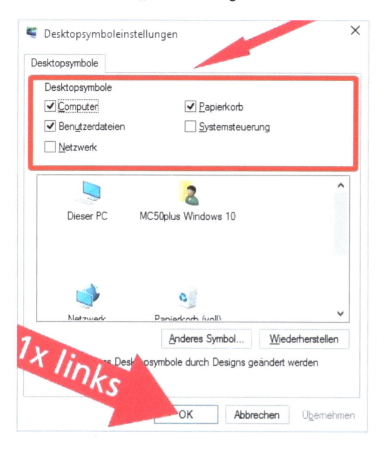

WLAN - Verbindung herstellen

Um eine Verbindung mit einem WLAN - Netzwerk Ihrer Wahl herzustellen, müssen Sie zunächst einmal mit der linken Maustaste auf das Netzwerksymbol klicken. Dieses befindet sich auf der rechten unteren Seite des Desktops, dem sogenannten Infobereich. Dieses Symbol ist zusätzlich mit einem Sternchen gekennzeichnet 🛜. Das bedeutet, dass die WLAN - Funktion aktiviert ist und Verbindungen zur Verfügung stehen.

Jetzt werden Ihnen alle WLAN - Netzwerke eingeblendet, die gerade in Reichweite sind. Diese sind nach Empfangsstärke geordnet.

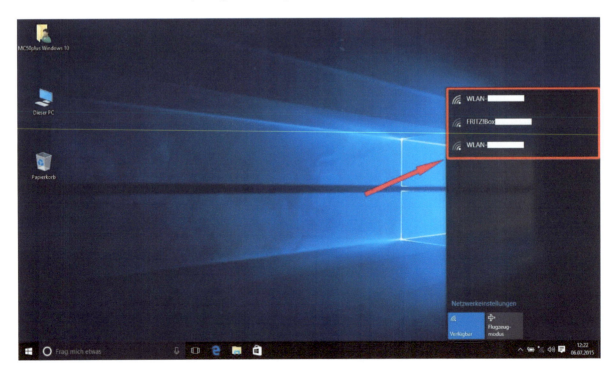

Wählen Sie ein Netzwerk aus, mit dem Sie sich verbinden möchten. Wenn Sie sich nicht sicher sind, welchen Namen (SSID) Ihr Netz hat, dann können Sie diesen auf der Rückseite Ihres Routers in Erfahrung bringen, sofern er nicht nachträglich geändert wurde.

Sogleich erweitert sich dieser Dialog, es wird die Option „**Automatisch verbinden**" und der Befehl „**Verbinden**" angezeigt. „Automatisch verbinden" bedeutet, dass sich der Computer automatisch mit dem gewählten Netzwerk verbindet, sobald es in Reichweite ist, ohne erneut den WLAN - Schlüssel eingeben zu müssen. Klicken Sie nun einmal mit der linken Maustaste auf den Befehl „**Verbinden**".

Sie werden jetzt aufgefordert, den Netzwerksicherheitsschlüssel einzugeben. Sollte Ihnen dieser nicht geläufig sein, können Sie ihn ebenso wie die SSID der Rückseite Ihres Routers entnehmen. In einem Hotel erfragen Sie das Passwort, sofern erforderlich, einfach an der Rezeption. Klicken Sie anschließend auf **„Weiter".**

Das war es schon. Es wird Ihnen signalisiert, dass Sie mit dem gewählten WLAN - Netzwerk verbunden sind. Jetzt steht Ihrem Surfvergnügen nichts mehr im Wege.

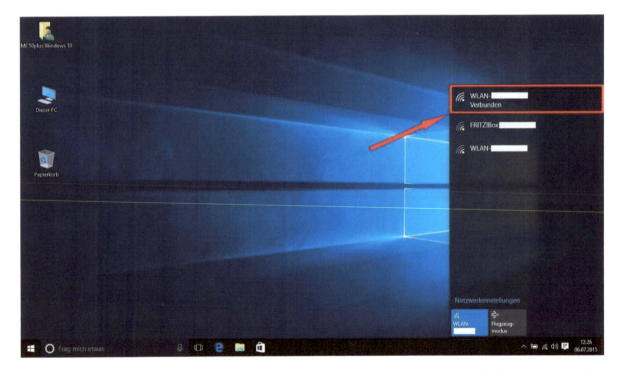

Kurze Anmerkung zum Thema Sicherheit. Im eben gezeigten Beispiel war das Netzwerk verschlüsselt, das heißt, ich musste ein Passwort bzw. einen Netzwerksicherheitsschlüssel eingeben. An sogenannten **„Hot Spots"**, oft zum Beispiel in Cafés oder von Städten zu Verfügung gestellt, ist dies nicht der Fall. Mit einem solchen Netzwerk verbunden, sollten Sie keine Internetdienste nutzen, bei welchen Sie sich anmelden (einloggen) müssen. Darunter fällt das Online-Banking, das Online – Shopping und auch das Abrufen der E-Mails. Der Grund ist darin zu suchen, dass jeder Technikaffine mit der entsprechenden Ausrüstung, unter bestimmten Umständen Ihre Kommunikation mitlesen und, was natürlich noch schlimmer ist, ihre Anmeldedaten inklusive ihrem Passwort abgreifen kann. Bildlich gesprochen ist das Surfen in einem ungesicherten Netzwerk auf einer unverschlüsselten Seite so, als ob Sie eine Postkarte schicken würden. Da schreiben Sie ja ebenfalls keine Passwörter drauf, zumindest sollten Sie das nicht. ☺

Das Info - Center

Eine Neuerung auf dem Windows 10 – Desktop ist das Info - Center. Mit einem Klick auf das Symbol im Infobereich der Taskleiste öffnet sich das entsprechende Fenster. Hier können Sie, neben dem Lesen der neuesten Systembenachrichtigungen, auch Schnelleinstellungen vornehmen.

Sehen wir uns die Schnelleinstellungen einmal genauer an:

Tabletmodus

Wenn Sie diese Option aktivieren, verändert sich die Benutzeroberfläche. Diese ist für Touchscreens optimiert, daher mit größeren Symbolen und etwas vereinfacht in der Darstellung.

Werfen wir einmal einen genaueren Blick darauf:

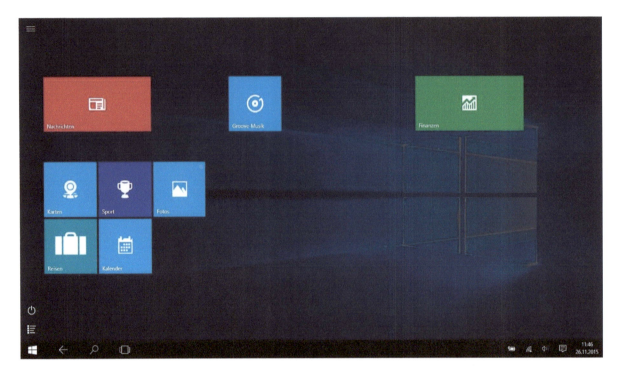

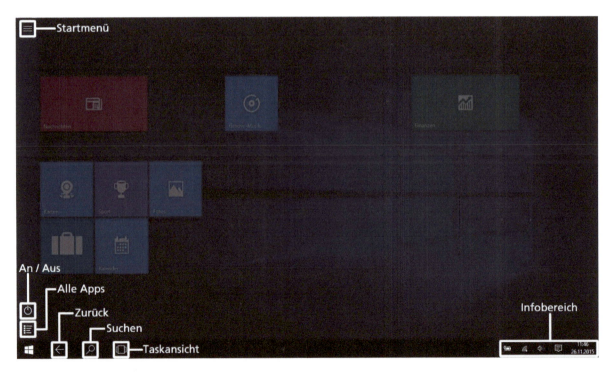

Klicken Sie links oben auf das Menü – Symbol um zum Startmenü zu gelangen.

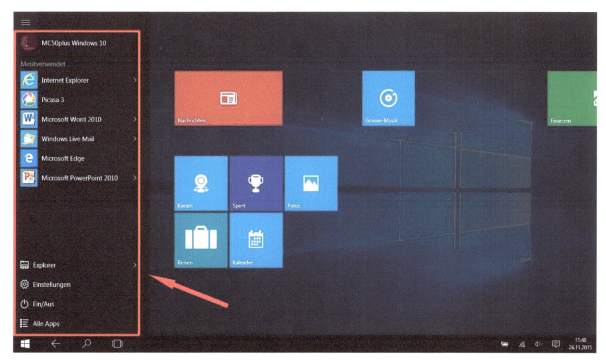

Wenn Sie den Tabletmodus verlassen und wieder zum klassischen Desktop zurückkehren möchten, klicken Sie erneut auf die Schaltfläche **„Tabletmodus",** um diesen zu deaktivieren.

Verbinden
Mit dieser Funktion können Sie sich drahtlos mit mobilen Endgeräten (z. B. Smartphones), Audio - und Anzeigegeräten verbinden.

Notiz
Klicken Sie hier, um über Microsoft OneNote eine Notiz zu verfassen und diese zum Beispiel in OneDrive (Cloud von Microsoft) zu speichern.

Alle Einstellungen
Hier kommen Sie zur neuen Systemsteuerung.

Projizieren
Verbinden Sie Ihren Computer mit einem Monitor oder einem Beamer. Ferner können Sie die Anzeige auch auf mehrere Bildschirme erweitern.

Stromsparmodus
Mit Aktivierung dieser Option benötigt ihr Computer wesentlich weniger Energie.

VPN
Hier werden Sie zu den Netzwerkeinstellungen weitergeleitet, um ein „Virtuelles Privates Netzwerk" kurz VPN einzurichten.

Bluetooth
Sofern in Ihrem Gerät eingebaut, können Sie hier den Bluetooth - Adapter aktivieren oder deaktivieren.

Bildschirmhelligkeit
Mit mehrmaligem Klicken auf diese Schaltfläche variieren Sie die Helligkeit Ihres Bildschirms.

WLAN
Mit dieser Schaltfläche aktivieren oder deaktivieren Sie Ihre WLAN – Verbindung. Ferner können Sie das Netzwerk sehen, mit welchem Sie momentan verbunden sind.

Ruhezeiten
Wenn diese Option aktiviert ist, bekommen Sie keine Systembenachrichtigungen mehr eingeblendet, diese werden nur noch im Info - Center aufgelistet.

Position
Hier können Sie den Ortungsdienst ein - oder ausschalten. Diesen benötigen Sie, wenn Sie sich zum Beispiel Ihren momentanen Standort anzeigen lassen möchten.

Flugzeugmodus
Mit dem Flugzeugmodus kappen Sie bei Aktivierung alle schnurlosen Netzwerkverbindungen.

Die Task – Ansicht

Ein weiteres Novum bei Windows 10 ist die sogenannte Task – Ansicht. Hier finden Sie die bereits geöffneten Fenster übersichtlich dargestellt und können nach Bedarf mehrere Desktops einrichten. Diese Funktion kennen Sie vielleicht vom Desktopbetriebssystem Ubuntu oder von Tablets und Smartphones mit dem Betriebssystem Android.
Im folgenden Beispiel habe ich mehrere Fenster geöffnet und klicke auf das Symbol Task - Ansicht.

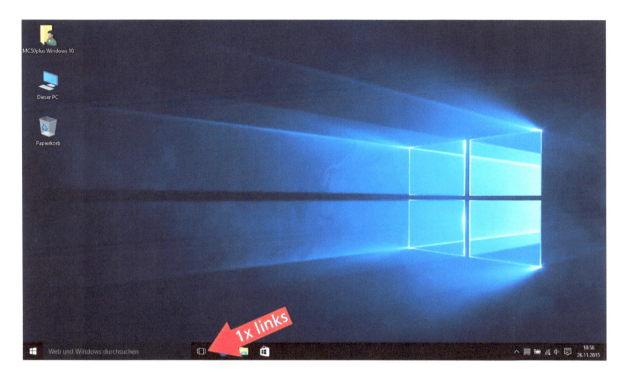

Es werden nun die geöffneten Fenster in einer Übersicht angezeigt.

Sie können jetzt mit einem Linksklick auf das gewünschte Fenster dieses in den Vordergrund setzen oder mit einem Klick auf das rechts oben erscheinende Kreuzchen das entsprechende Fenster schließen.

Wie bereits oben erwähnt, können Sie auch über diese Funktion auf Wunsch mehrere virtuelle Desktops mit unterschiedlichen Inhalten erstellen.
Klicken Sie dazu wiederum auf das Symbol „**Task – Ansicht**".

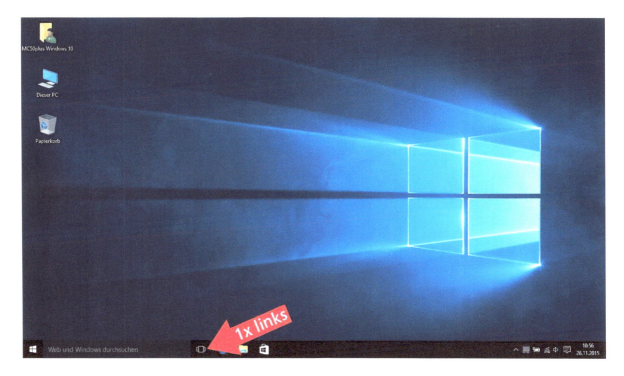

Im daraufhin erscheinenden Fenster klicken Sie rechts unten auf „**Neuer Desktop**".

Jetzt wurde ein weiterer Desktop erstellt, der Ihnen nun im folgenden Auswahlfenster als Symbol dargestellt wird. Mit einem Linksklick wählen Sie den gewünschten Desktop aus, dieser wird Ihnen entsprechend angezeigt.

Wenn Sie einen der erstellten virtuellen Desktops wieder entfernen möchten, müssen Sie mit Ihrer Maus auf den zu entfernenden Desktop zeigen. Es erscheint rechts über dem Symbol ein Kreuzchen, welches Sie anklicken.

Die Assistentin „Cortana"

Apple hat´s, Google hat´s auch, da darf Microsoft natürlich nicht fehlen. Gemeint ist die persönliche, auf Wunsch sprachgesteuerte Assistentin namens Cortana. Cortana, ein nicht ganz alltäglicher Name, der übrigens auf einem Computerspiel von Microsoft namens „Halo" basiert. Dort ist sie eine den Spieler unterstützende künstliche Intelligenz. Diese können Sie allerdings erst dann nutzen, wenn Sie sich bei Microsoft registrieren, das heißt ein sogenanntes Microsoft – Konto anlegen. Wie Sie das machen, werde ich Ihnen in einem der nächsten Kapitel zeigen.

Cortana aktivieren

Bevor Sie Ihre persönliche Assistentin arbeiten können, müssen Sie diese aktivieren. Dazu klicken Sie einmal mit der linken Maustaste in das Suchfeld mit der Aufschrift **„Web und Windows durchsuchen"** und im Anschluss auf **„Weiter"**. Kurze Anmerkung, wenn sie Cortana nicht nutzen wollen, klicken Sie einfach auf **„Kein Interesse"**.

Den nächsten Dialog bestätigen Sie mit **„Verwende Cortana"**.

Falls Sie Cortana mittels des Sprachbefehls „**Hey Cortana**" aktivieren möchten, stimmen Sie im nächsten Fenster zu, wenn nicht, klicken Sie auf „**Überspringen**"

Jetzt können Sie den Namen eintragen, mit dem Sie angesprochen werden wollen. Bestätigen Sie diese Eingabe mit einem Linksklick auf „**OK**".

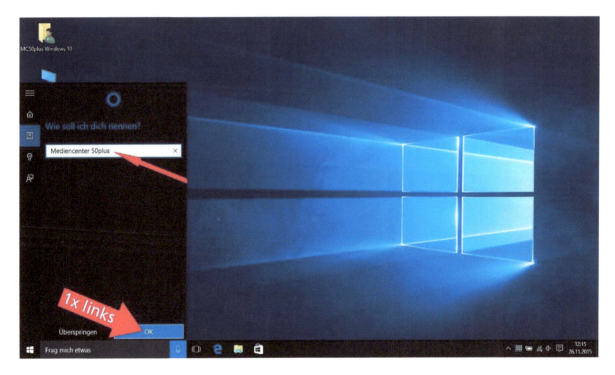

So, nun ist Cortana betriebsbereit, es wird die Startseite mit den Schlagzeilen des heutigen Tages und das Wetter für den aktuellen Standort angezeigt. Im unteren Textfeld steht nun „**Frag mich etwas**". Mit einem Linksklick in dieses Feld können Sie einen Suchbegriff eingeben, anschließend werden Ihr Computer und das Internet nach eben diesem durchsucht. Wenn Sie „schreibfaul" sein sollten, können Sie auf das Mikrofonsymbol auf der rechten Seite des Textfeldes klicken und den gewünschten Suchbegriff einsprechen.

Übrigens: Wenn Sie **Cortana nicht aktiviert** haben, können Sie trotzdem über das Suchfeld **Ordner**, **Dateien** und nach **Webinhalten** suchen, wenn auch nicht per Spracheingabe.

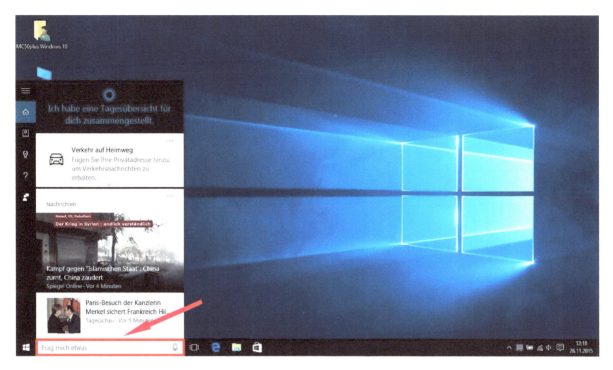

Cortana in der Praxis

Im oben erwähnten Suchfeld können Sie Dateien, Ordnern, Programmen und Internetseiten nachforschen. Im Folgenden möchte ich Ihnen zeigen, wie diese Funktion praktisch nutzbar ist. Als Erstes habe ich einen Ordner namens „Blumenbilder" gesucht.

Soweit so gut, der Ordner ist da. Allerdings möchte ich auch noch seinen genauen Ort wissen. Das bewerkstellige ich mit einem Rechtsklick auf den Ordner – oder Dateinamen - und klicke im erscheinenden Kontextmenü auf den Befehl „**Speicherort öffnen**".

Wie bereits erwähnt, können Sie auch nach installierten Programmen suchen. Ich habe die Anwendung „Paint" eingegeben, sie erscheint nun ganz oben, und mit einem Linksklick kann ich sie starten.

Auf der linken Seite des Cortana – Fensters befindet sich die Menüleiste. Sollten Ihnen die einzelnen Symbole nichts sagen, können Sie diese mit einem Klick auf das oberste Symbol mit den drei Strichen erweitern. Danach werden Ihnen die Bedeutungen der einzelnen Symbole angezeigt.

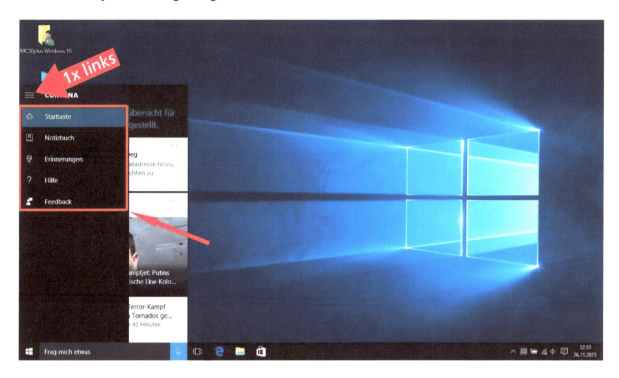

Ein kurzer Überblick der einzelnen Cortana - Funktionen

Startseite: Mit einem Klick auf diese Schaltfläche kommen Sie immer auf die Startseite zurück. Dort werden Ihnen die aktuellen Schlagzeilen und das Wetter angezeigt.

Notizbuch: Im Notizbuch können Sie personenbezogene Einstellungen und Eingaben vornehmen. Ferner können Sie hier Cortana selbst einstellen, z. B. welche Nachrichten sie anzeigen soll, oder ob Vorschläge bezüglich Restaurants in der Nähe gemacht werden sollen usw....

Erinnerungen: Hier können Sie wichtige Ereignisse oder Termine eingeben, und Cortana wird Sie daran erinnern.

Hilfe: In der Hilfefunktion können Sie sich über die Funktionen ihrer persönlichen Assistentin informieren und Fragen klären.

Feedback: Sagen Sie Microsoft über diese Funktion was Sie von Cortana halten und ob Sie Verbesserungsvorschläge haben.

Datei - und Ordnerverwaltung

Dreh – und Angelpunkt eines jeden Betriebssystems ist die Datei – und Ordnerverwaltung. Da macht Windows 10 natürlich keine Ausnahme. Windows Veteraninnen und Veteranen werden daher den Begriff **Windows Explorer** in guter Erinnerung haben. Im Zuge der Erneuerung des Betriebssystems hat auch dieser eine Runderneuerung erfahren, die ich Ihnen nun im Detail etwas näher bringen möchte. Beginnen wir damit, wie Sie eben jenen öffnen. Hier ist die „Qual der Wahl" angesagt, denn Sie haben vier Möglichkeiten, auf Ihre Datei – und Ordnerverwaltung zuzugreifen.

Sie können den Windows Explorer starten, indem Sie entweder den **Benutzerordner** öffnen, das Icon **„Dieser PC"** aufrufen oder **Ordnersymbol auf der Taskleiste** anklicken.

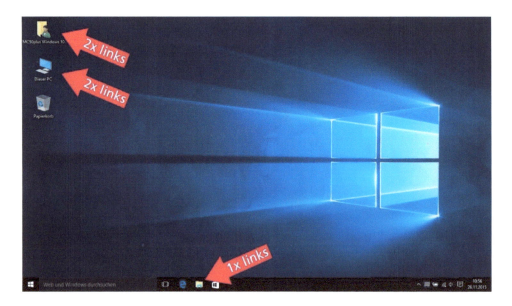

Ferner haben Sie noch die Möglichkeit, den Windows Explorer über das **Startmenü** zu öffnen.

Der Windows Explorer im Überblick

Sehen wir uns das Explorer – Fenster einmal genauer an:

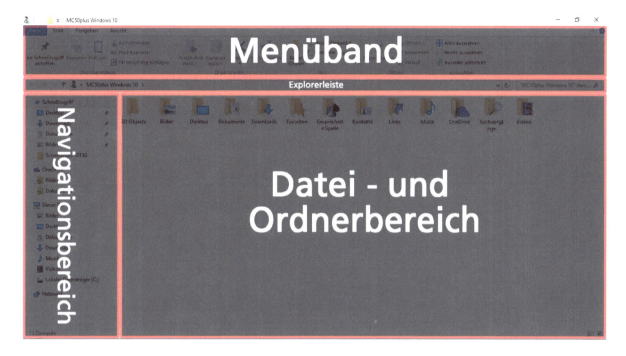

Im **Menüband** finden Sie alle Befehle rund um die Organisation, Freigabe und die Ansicht von Ordnern und Dateien. Ein Klick auf den jeweiligen Überbegriff öffnet die zugehörigen Befehlsleisten. Sie können das Menüband dauerhaft einblenden oder ausblenden, indem Sie das kleine Pfeilchen auf der rechten Seite links neben dem Fragezeichen anklicken.

In der **Explorerleiste** sehen Sie immer, welche Ordner im Moment offen sind. Der in der Zeile stehende Begriff bezeichnet den momentan geöffneten Ordner. Auf der linken Seite befinden sich die Navigationspfeile. Hier können Sie zwischen bereits geöffneten Ordnern hin und her wechseln. Rechts neben diesen Pfeilen finden Sie einen Pfeil nach unten und einen nach oben. Mit einem Klick auf den Pfeil nach unten werden Ihnen die zuletzt geöffneten Ordner angezeigt, mit einem Klick auf den Pfeil in die Gegenrichtung wechseln Sie eine Ordnerebene nach oben.
Ganz rechts befindet sich ein Suchfeld, mit welchem Sie verlorengegangene Dateien und Ordner suchen und hoffentlich auch wieder finden werden.

Im **Navigationsbereich** sind die wichtigsten Ordner, Laufwerke und Wechseldatenträger angezeigt. Neu bei Windows 10 ist die Funktion **„Schnellzugriff"**, mit welcher Sie sich Ihre persönliche Ordnerauswahl zusammenstellen können. Sie klicken mit der rechten Maustaste auf den Ordner Ihrer Wahl und wählen im nun erscheinenden Kontextmenü den Befehl **„An Schnellzugriff anheften"**. Jetzt erscheint der ausgewählte Ordner links im Bereich Schnellzugriff. Wenn Sie einen Ordner wieder vom Schnellzugriff entfernen möchten, klicken Sie mit der rechten Maustaste auf den entsprechenden Ordner auf der linken Seite und klicken Sie mit links auf den Befehl „**Von Schnellzugriff lösen**".

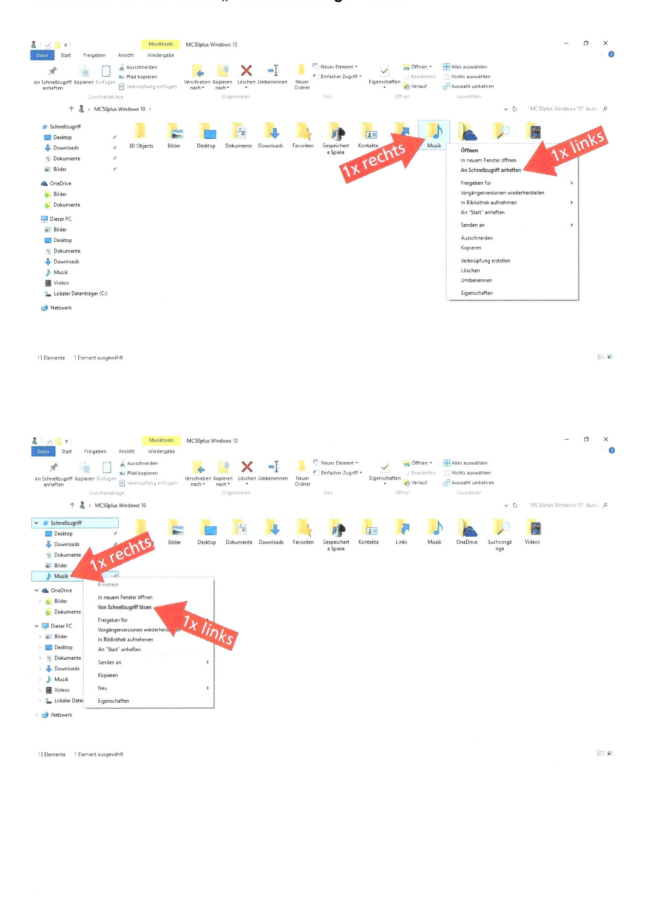

Im Datei – und Ordnerbereich finden Sie, wie der Name schon sagt, die im soeben geöffneten Ordner befindlichen Unterordner und Dateien.

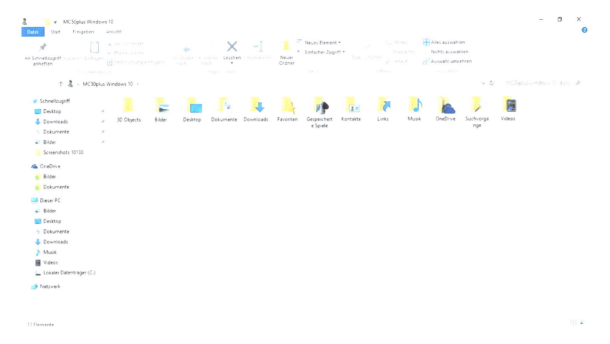

Der Windows Explorer in der Praxis

Anhand eines kleinen Beispiels möchte ich Ihnen nun einige wichtige Funktionen des Explorers zeigen.

Ich lege mir im Ordner „Dokumente" einen Unterordner mit dem Namen „Briefe" an. Dazu klicke ich im Menüband auf den Befehl **„Neuer Ordner"**. Es erscheint im Datei – und Ordnerbereich ein neues Ordnersymbol. Da der Ordnertitel neben dem Symbol bereits blau markiert ist, kann ich sofort mit der Beschriftung des Ordners beginnen.

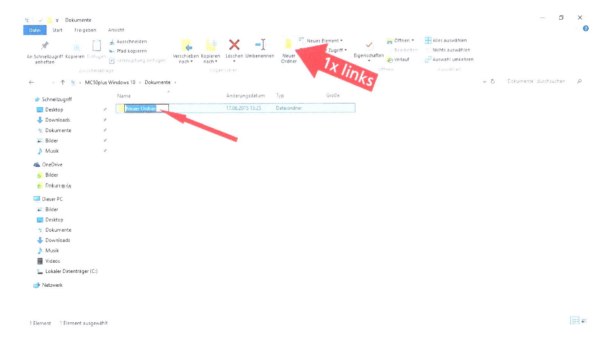

Finden Sie, dass das Ordnersymbol etwas klein ist? Auch in dieser Windowsversion haben Sie die Möglichkeit, die Ansicht nach Ihren Vorlieben zu verändern. Neu ist, dass Sie rechts unten eine Schnellauswahl mit zwei Optionen finden. Ich stelle die Ansicht größer ein.

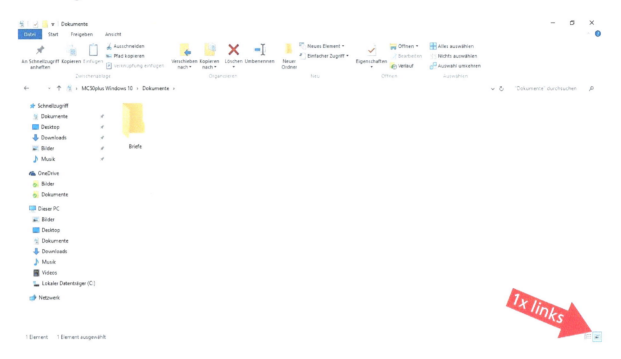

Sollten Ihnen die beiden Optionen nicht genügen, haben Sie zusätzlich die Möglichkeit, über den Menüpunkt „Ansicht" die Symbole nach Ihren Wünschen einzustellen.

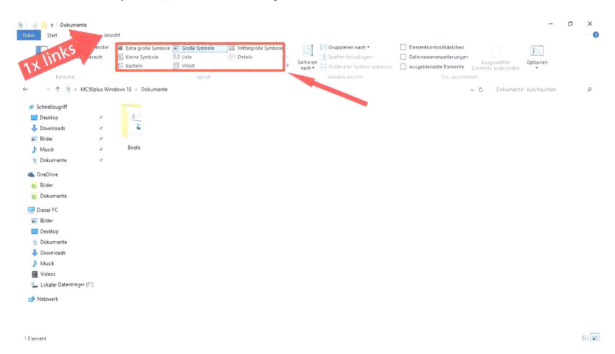

So, ich habe nun etwas vorausgearbeitet und mit dem Programm „WordPad" einen Brief geschrieben. Dieses Dokument möchte ich in den eben erstellten Ordner speichern. Dazu klicke ich im Menü auf „Datei" und auf den Befehl „Speichern unter".

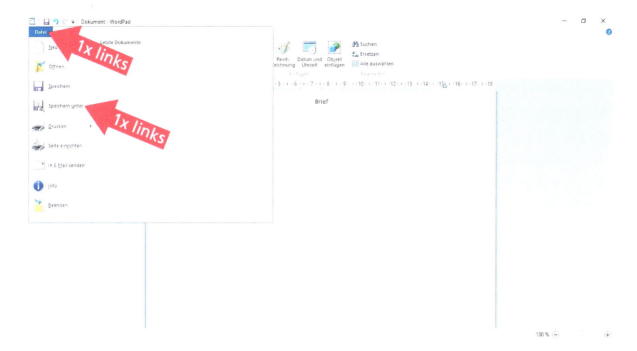

Es erscheint jetzt meine Dateiverwaltung. Es bietet sich an, einen kurzen Blick auf die Explorerleiste zu werfen, da mir diese, wie Sie ja bereits wissen, immer den Namen des gerade offenen Ordners anzeigt. In meinem Fall ist der Ordner **„Dokumente"** offen. Ich öffne nun noch den Ordner **„Briefe"** mit einem Doppelklick, dort möchte ich mein Dokument ja hineinspeichern.

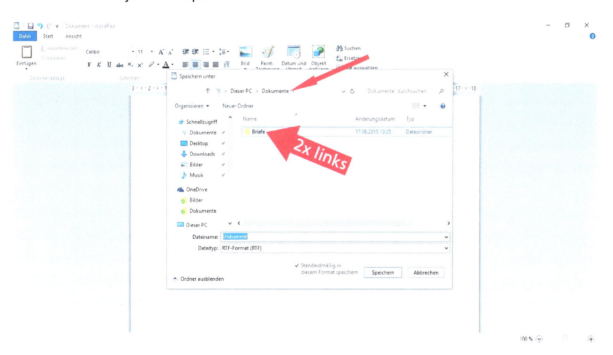

So, jetzt sehe ich in der Explorerleiste, dass der entsprechende Ordner offen ist. Anschließend muss ich nur noch den gewünschten Dateinamen eingeben und auf **„Speichern"** klicken. Das war es schon.

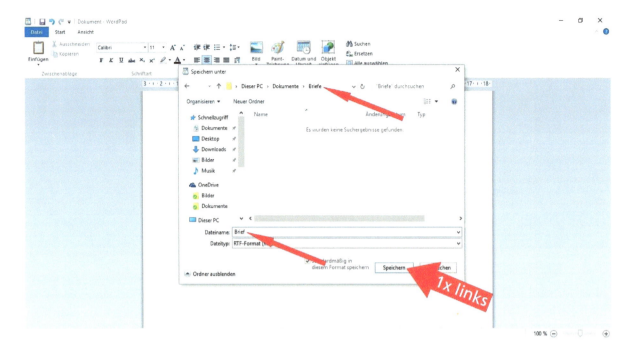

Kurzer Exkurs: Natürlich können Sie, wie auch in älteren Windows - Betriebssystemen, Ihre Dateien und Ordner sowohl umbenennen als auch löschen. Dazu haben Sie neben der bekannten Funktion über das Kontextmenü (rechte Maustaste >>Umbenennen bzw. Löschen) ein Symbol im Menüband.

Umbenennen:

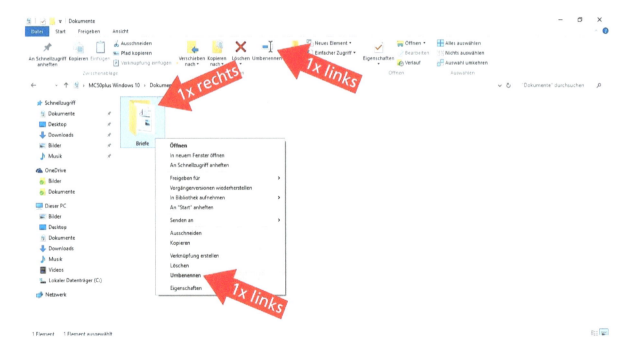

Löschen:

Bleiben wir noch beim Löschvorgang. Wenn Sie Dateien oder Ordner gelöscht haben, landen diese wie gewohnt im Papierkorb, wo Sie diese wiederherstellen oder auch endgültig löschen können.

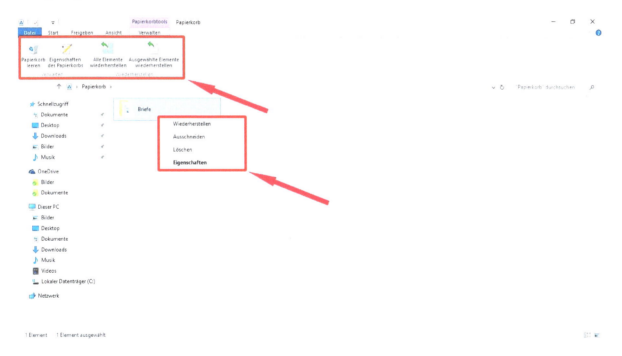

Ist Ihnen aufgefallen, dass der Computer nicht mehr nachfragt, ob eine Datei gelöscht werden soll oder nicht? Diese Funktion ist seit Windows 8 standardmäßig deaktiviert. Wenn Sie in Zukunft gefragt werden wollen, klicken Sie mit der rechten Maustaste auf das Papierkorbsymbol des Desktops, und klicken Sie im erscheinenden Kontextmenü auf **„Eigenschaften"**.

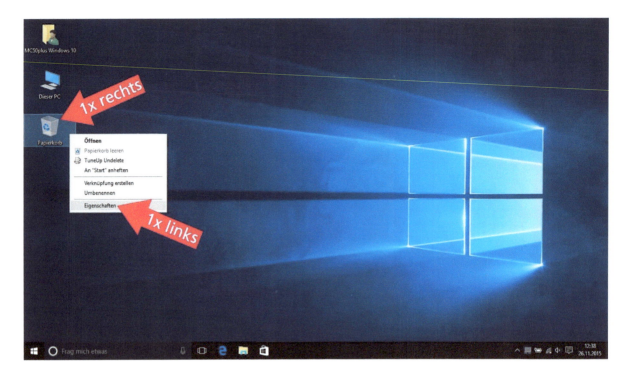

Im Eigenschaftendialog setzen Sie den Haken bei **„Dialog zur Bestätigung des Löschvorgangs anzeigen"**, klicken Sie auf **„Übernehmen",** und bestätigen Sie mit **„OK".**

Kleiner Tipp: Wenn Sie eine Datei oder einen Ordner suchen, können Sie entweder die Windowssuche (Cortana) oder auch die Suchleiste im Explorer nutzen. Bei letztgenannter bekommen Sie sogar noch den Dateipfad „frei Haus". ☺

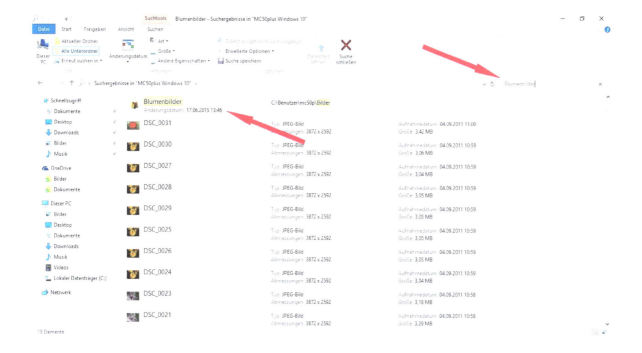

Microsoft OneDrive

OneDrive ist die Cloud von Microsoft, das heißt, alles was Sie in einen OneDrive – Ordner speichern, befindet sich sowohl lokal auf Ihrem Computer, als auch online auf einem Microsoft – Server. Um diesen Service nutzen zu können, müssen Sie bei Microsoft registriert sein, was bedeutet, Sie müssen ein Microsoft – Konto haben. Der Vorteil ist darin zu sehen, dass Sie Ihre Daten mit mehreren Endgeräten (z.B. Tablets oder Smartphones) aufrufen, aber auch größere Datenmengen mit Anderen teilen können. Mit einem kleinen praktischen Beispiel möchte ich Ihnen die Nutzung der Microsoft – Cloud zeigen. OneDrive ist praktisch in den Windows Explorer integriert, so dass Sie diese wie einen normalen Ordner nutzen können.

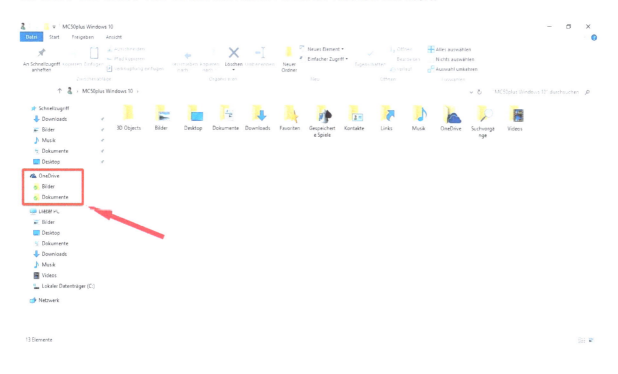

Wir bleiben beim Beispiel von vorher, speichern diesen Brief allerdings in die Cloud.

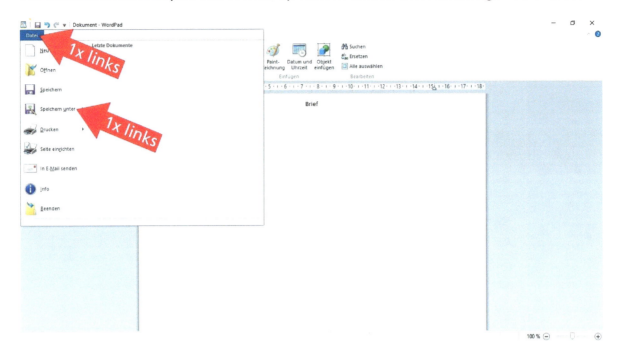

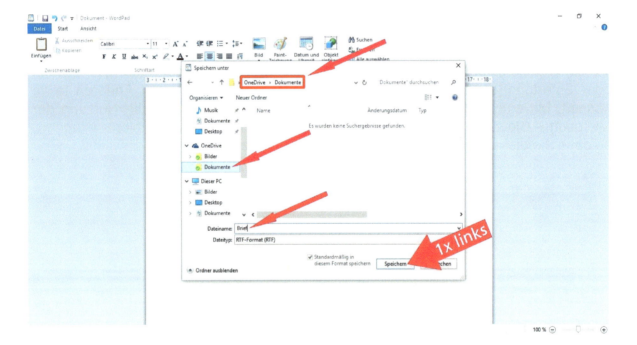

So, jetzt können Sie diesen Brief, Ihre Zugangsdaten vorausgesetzt, mit anderen Geräten abrufen oder mit Personen teilen. Das Teilen von Daten sehen wir uns im Folgenden einmal genauer an.

Sie klicken mit der rechten Maustaste auf die Datei, die Sie teilen möchten. Im erscheinenden Kontextmenü klicken Sie auf den Befehl **„Einen OneDrive – Link freigeben".**

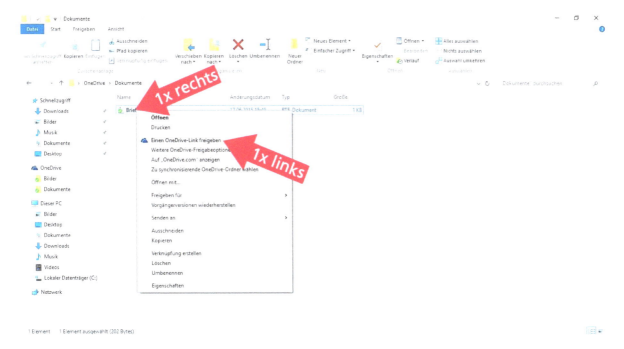

Jetzt erscheint im Fenster rechts unten die Information, dass dieser Link in die Zwischenablage kopiert worden ist und Sie diesen zum Beispiel in eine E-Mail einfügen und an diejenigen schicken können, die Sie mit dieser Datei beglücken wollen.

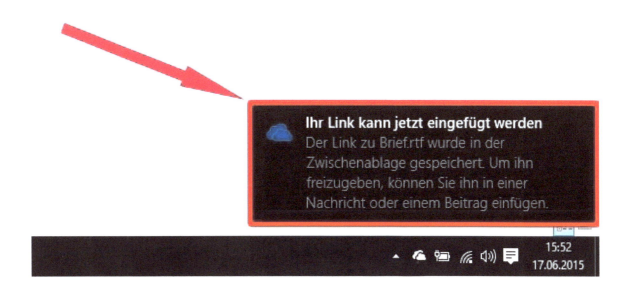

Einstellungen - Der Nachfolger der Systemsteuerung

Die Systemsteuerung war bis dato die Schaltzentrale Ihres Computers. Hier konnten Sie Ihr System nach Ihren Wünschen und Bedürfnissen konfigurieren. Die Systemsteuerung wird nun durch die Funktion **„Einstellungen"** abgelöst. Sie erreichen die Einstellungen am schnellsten über das Startmenü und über den Windows Explorer.

Öffnen über das Startmenü

Öffnen Sie mit einem Klick auf den Startknopf das Startmenü und betätigen Sie die Schaltfläche Einstellungen.

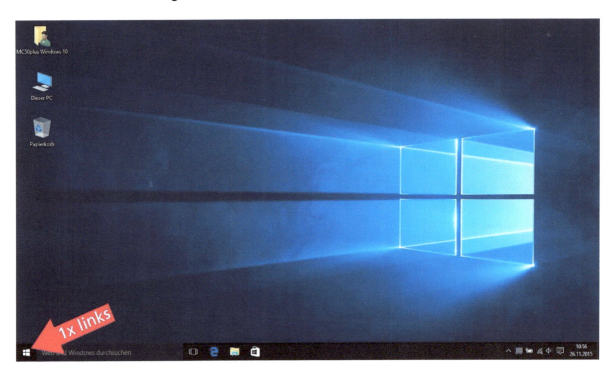

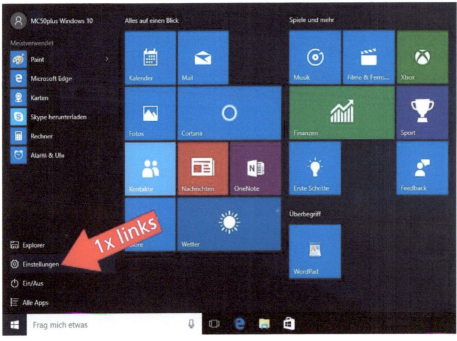

Öffnen über den Windows Explorer

Starten Sie den Windows Explorer über **„Dieser PC".** Das ist wichtig, da sich der Befehl **„Einstellungen öffnen"** nur dann im Menüband des Explorers befindet.

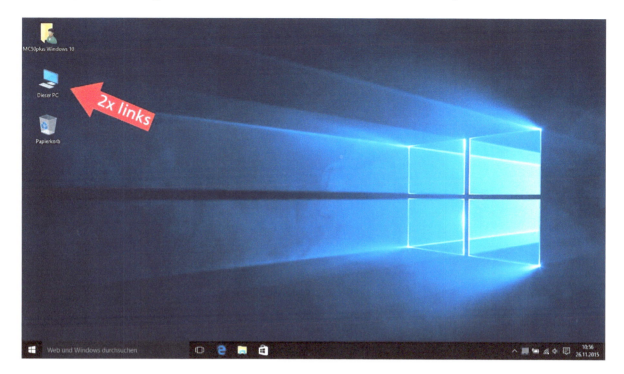

Klicken Sie jetzt auf den bereits oben erwähnten Befehl **„Einstellungen öffnen".**

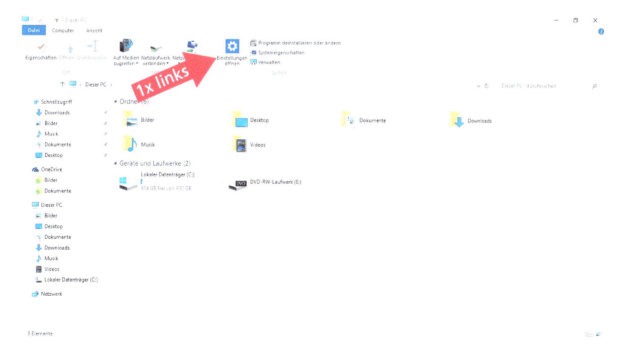

Überblick über die einzelnen Funktionen

System
Hier können Sie unter anderem Bildschirmeinstellungen, Energieeinstellungen und Benachrichtigungseinstellungen vornehmen, sowie Apps deinstallieren.

Geräte
Es können hier die Druckereinstellungen angepasst werden, sowie die der Maus, der Tastatur und anderer Eingabegeräte.

Netzwerk und Internet
Wie der Name bereits hinreichend erklärt, können hier Netzwerk und Interneteinstellungen vorgenommen werden.

Personalisierung
Lassen Sie Ihrer Kreativität freien Lauf, indem Sie den Desktophintergrund, den Sperrbildschirm oder auch Sounds ändern.

Konten
Sie können hier weitere Benutzerkonten anlegen, auch z. B. ein Microsoft – Konto.

Zeit und Sprache

Hier werden das Datum, die Zeitzone, die Systemsprache und die Spracherkennung eingestellt.

Erleichterte Bedienung

Wenn Sie zum Beispiel schlecht sehen, werden Ihnen hier Werkzeuge zur Verfügung gestellt, um Ihnen den Umgang mit Ihrem Betriebssystem zu erleichtern.

Datenschutz

Stellen Sie hier Ihre Datenschutzoptionen und die Zugriffsrechte, zum Beispiel auf die Kamera oder auf das Mikrofon, ein.

Update und Sicherheit

Bringen Sie hier Ihren Computer auf den neuesten Stand, sichern Sie Ihre Daten, setzen Sie Ihren PC zurück und nehmen Sie Einstellungen am Windows Defender vor.

Kurze Anmerkung, wer mit **„Einstellungen"** noch etwas fremdelt, hat nach wie vor die Möglichkeit, die klassische **„Systemsteuerung"** aufzurufen. Klicken Sie mit der rechten Maustaste auf den Startknopf. Im nun erscheinenden Menü klicken Sie auf **„Systemsteuerung"**.

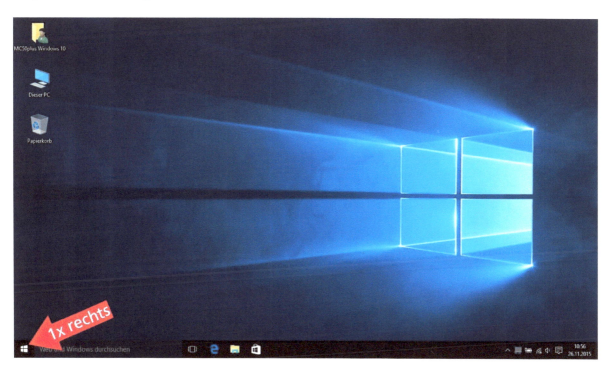

Sie können die Ansicht im Systemsteuerungsfenster anpassen, indem Sie mit der linken Maustaste auf den Begriff rechts neben Anzeige klicken. Es erscheint nun ein kleines Auswahlfenster. Mit einem Klick auf die gewünschte Option stellt sich die Ansicht entsprechend ein.

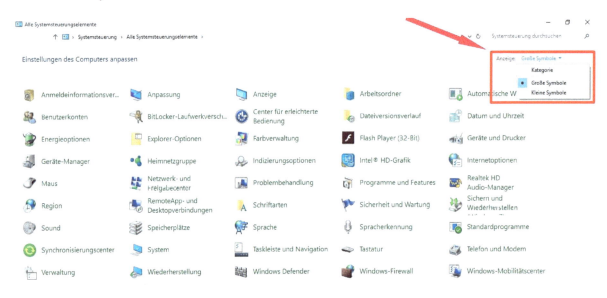

Edge – Der neue Browser von Microsoft

Der Internet Explorer, das Browser - Urgestein von Microsoft, bekommt nach über 20 Jahren einen kleinen Bruder an die Seite gestellt, den Sie parallel zu diesem nutzen können. Der neue Browser heißt **„Edge"** und will alles sowohl besser als auch einfacher machen. Sehen wir mal, was der Neue von Microsoft bietet.

Edge im Überblick

Die Leseansicht

Wenn auch Sie zu den Nutzern gehören, die sich an der Flut von Grafiken und Bildern auf Internetseiten stören, sei Ihnen die Funktion **„Leseansicht"** wärmstens ans Herz gelegt. Hier werden Störelemente so gut es geht ausgeblendet, damit Sie sich auf den Text konzentrieren können. So sieht die Webseite des Mediencenter 50plus im Lesemodus aus, im Vergleich dazu oben die Seite in der Standardansicht. Mit erneutem Klick auf das Symbol deaktivieren Sie den Lesemodus wieder.

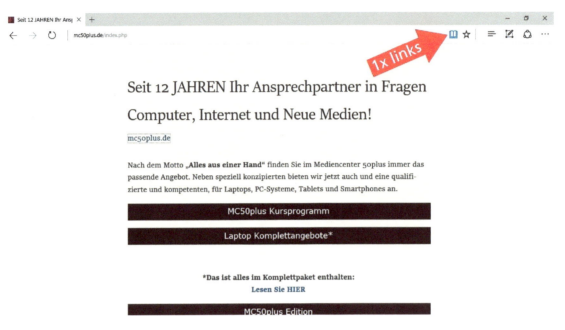

Favoriten anlegen

Rufen Sie die Seite auf, die Sie als Favorit anlegen möchten. Klicken Sie nun auf das Sternsymbol. Im jetzt erscheinenden Fenster wählen Sie **„Favoriten"** aus, benennen diesen, sagen ihm, wohin er erstellt werden soll und klicken abschließend auf **„Hinzufügen"**.

Artikel zur Leseliste hinzufügen

Rufen Sie die Seite auf, die Sie zur Leseliste hinzufügen wollen. Klicken Sie nun auf das Sternsymbol. Im jetzt erscheinenden Fenster wählen Sie **„Leseliste"** aus, benennen den Artikel und klicken abschließend auf **„Hinzufügen".** Wem sich der tiefere Sinn dieser Funktion nicht erschlossen hat, da sich diese kaum von den Favoriten unterscheidet, dem sage ich, zum Glück muss man nicht alles verstehen. ☺

Favoriten, Leseliste, Verlauf und Downloads aufrufen

Klicken Sie mit der linken Maustaste auf das entsprechende Symbol und wählen Sie im sich öffnenden Fenster die gewünschte Option aus. Von links nach rechts: **Favoriten >> Leseliste >> Verlauf >> Downloads**

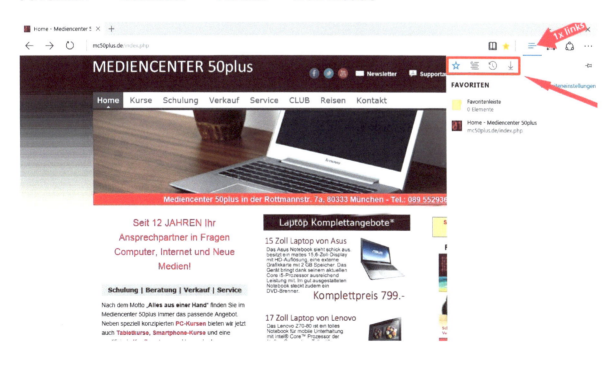

Favoriten entfernen

Natürlich können Sie nicht mehr benötigte Favoriten wieder entfernen. Rufen Sie die Favoritenliste auf, klicken Sie mit der rechten Maustaste auf den zu entfernenden Eintrag und klicken Sie im sich öffnenden Kontextmenü auf **„Entfernen"**.

Artikel aus der Leseliste entfernen

Rufen Sie die Leseliste auf, klicken Sie mit der rechten Maustaste auf den Artikel, den Sie entfernen möchten, und betätigen Sie im nun erscheinenden Kontextmenü den Befehl **„Entfernen"**.

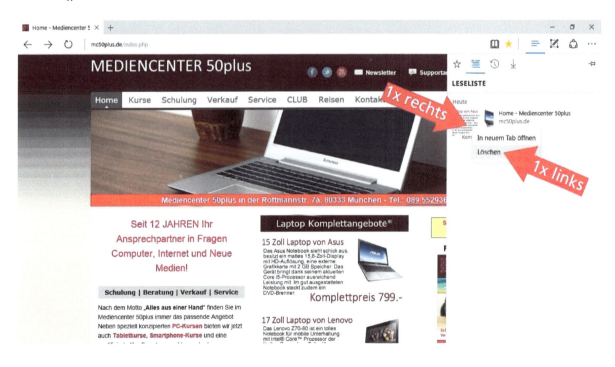

Webseitennotiz erstellen

Mit dieser Funktion haben Sie die Möglichkeit, auf einer bestehenden Internetseite Notizen zu machen, etwas zu markieren und eventuell zu ergänzen. Diese Notizen können Sie speichern und mit Anderen teilen.

Das Menü

Im Menü werden weitere Funktionen und Einstellungen eingeblendet.

Apropos Einstellungen, ist Ihnen aufgefallen, dass sich in der Symbolleiste von Edge kein Häuschensymbol zum Aufrufen der eingestellten Startseite mehr befindet? Sie haben in den Einstellungen die Möglichkeit das Symbol zu aktivieren.

Klicken Sie jetzt auf **„Erweiterte Einstellungen anzeigen"**.

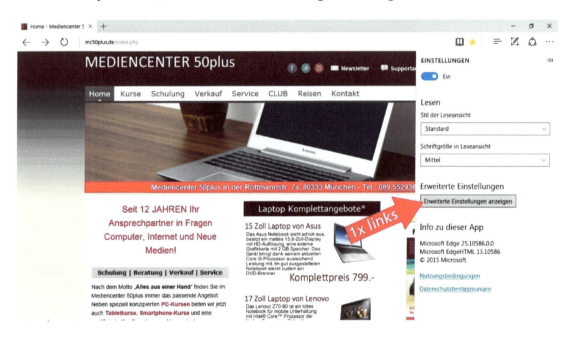

Schalten Sie mit einem Klick die Schaltfläche ein, und geben Sie optional die Startseite ein, die bei einem Klick auf das Häuschen aufgerufen werden soll.

Der Windows 10 App – Store

Wie bereits anfangs des Buches erwähnt, gibt es bei Windows 10 zwei Arten von Programmen, die Desktop – und die Windows Store - Apps. Wie Sie letzte auf Ihren Computer bekommen, werde ich Ihnen nun anhand eines praktischen Beispiels zeigen. Um den Windows App - Store nutzen zu können, müssen Sie ein Microsoft – Konto haben. Wie Sie ein eben solches anlegen, werde ich Ihnen im Anschluss zeigen. Klicken Sie jetzt auf das Windows App - Store Symbol.

Es erscheint die Startseite des Stores. Links oben finden Sie die vier Hauptkategorien **Startseite**, **Apps**, **Spiele**, **Musik** und **Filme & TV.** In der gleichen Zeile auf der rechten Seite befindet sich ein Suchfeld, in welches Sie direkt den Namen einer App schreiben können, sofern Ihnen dieser bekannt ist. Ungefähr in der Mitte der Seite finden Sie die Unterkategorien der gewählten Hauptkategorie.

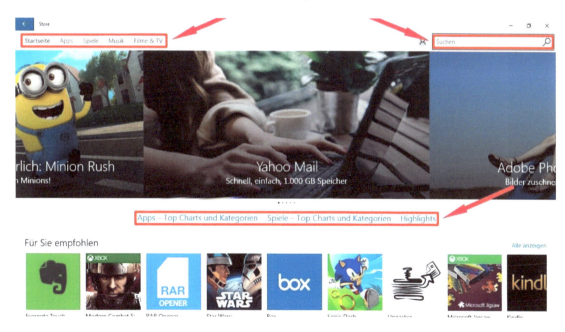

Ich habe jetzt auf die Hauptkategorie **„Apps"** geklickt und möchte mir nun die einzelnen App – Kategorien ansehen.

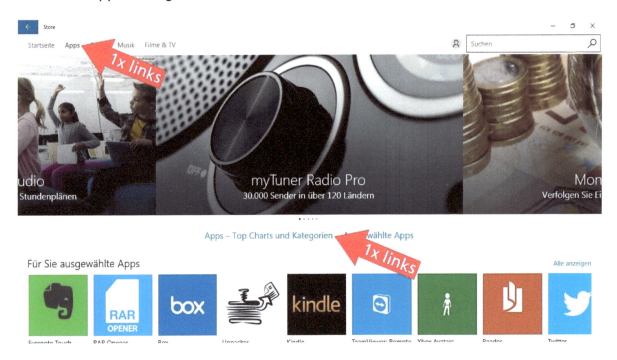

Jetzt kann ich auswählen, ob ich mir kostenfreie beziehungsweise kostenpflichtige Apps anzeigen lassen oder eine der vielen Unterkategorien anklicken will, die dieser Store zu bieten hat. Das Gleiche kann ich auch in den Hauptkategorien Spiele, Musik und Filme & TV machen.

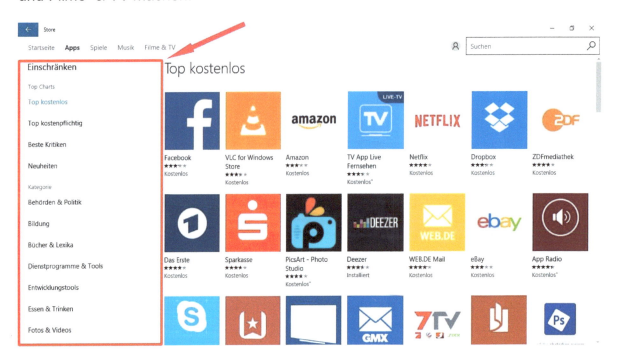

Ich möchte Ihnen nun zeigen, wie Sie über den Windows App – Store eine Anwendung auf Ihren Computer herunterladen und installieren können. Ich suche mir nun die App „**MSN Sport**" über das Suchfeld auf der rechten Seite.

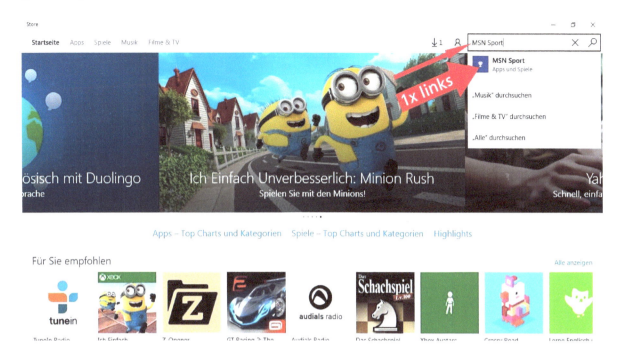

Mit einem Klick auf das erscheinende Symbol bekomme ich weiterführende Informationen und die Möglichkeit, die App zu installieren.

So, ich habe mir die Informationen und Kritiken durchgelesen und werde mir diese App mit einem Klick auf „**Kostenlos**" auf den Computer laden. Wenn ich mir eine Kostenpflichtige App ausgesucht hätte, würde an dieser Stelle der Preis stehen.

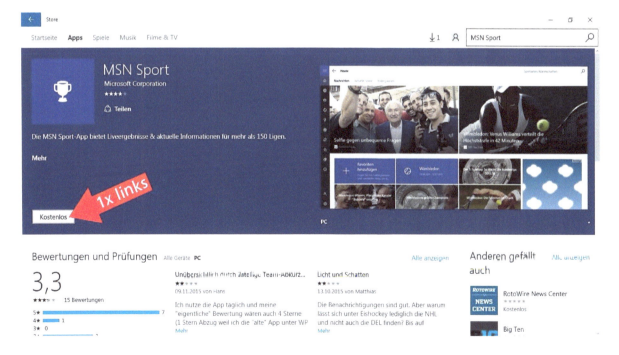

Damit ist der Vorgang abgeschlossen. Dies kann ich an der Tatsache erkennen, dass auf dem Button, auf dem vorher „**Kostenlos**" stand, nun „**Öffnen**" steht.

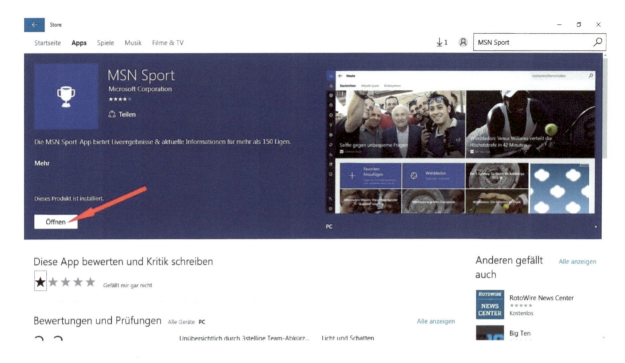

Die installierte App finden Sie wie gewohnt im Startmenü unter „**Alle Apps**".

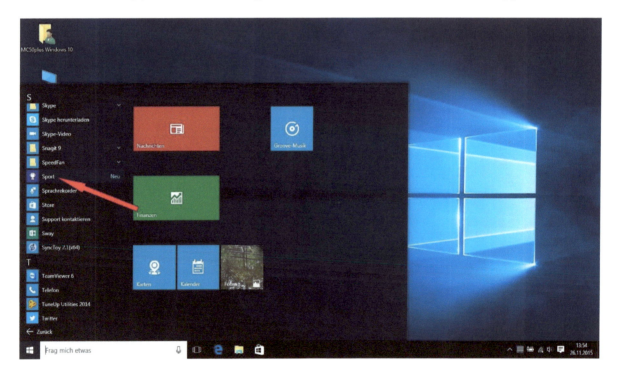

Erstellung eines Microsoft - Kontos

Wie bereits mehrfach erwähnt, brauchen Sie für gewisse Funktionen von Windows 10 ein sogenanntes Microsoft – Konto. Sie können es während des Installationsvorganges über die Systemsteuerung oder über die Internetseite von Microsoft erstellen. Sehen wir uns die ersten beiden Möglichkeiten einmal im Detail an:

Während des Installationsvorgangs

Klicken Sie jetzt auf **„Registrieren"**.

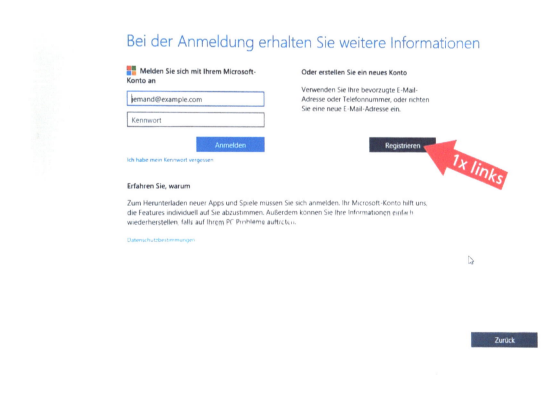

Geben Sie nun Ihren Namen und die gewünschte E-Mail-Adresse ein. Sie können auch, sofern Sie es wünschen, eine bereits bestehende Adresse verwenden. Klicken Sie anschließend auf **„Weiter"**.

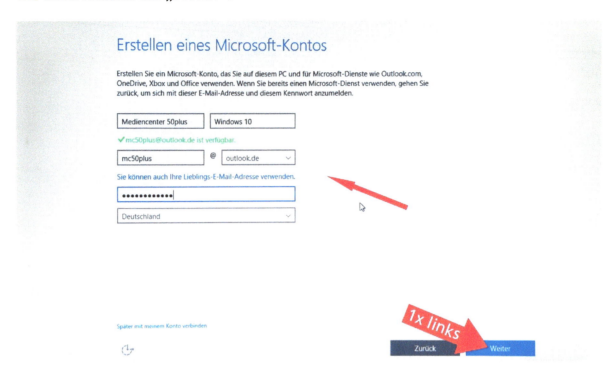

Geben Sie jetzt Ihre Telefonnummer oder eine alternative E-Mail-Adresse ein. Klicken Sie im Anschluss auf **„Weiter"**.

Sicherheitsinfos hinzufügen

Ihre Sicherheitsinformationen tragen zum Schutz Ihres Kontos bei. Wir verwenden diese Informationen, damit Sie Ihr Kennwort wiederherstellen, Hackerzugriffe auf Ihr Konto verhindern und Ihr Gerät nach einer Sperrung weiternutzen können. Die Informationen werden nicht verwendet, um Ihnen unerwünschte Werbe-E-Mails zu senden.

Alternative E-Mail-Adresse

Stattdessen eine Telefonnummer hinzufügen

1x links

Zurück | Weiter

Geben Sie jetzt die eingeblendete Zeichenfolge ein, klicken Sie ein letztes Mal auf **„Weiter",** und das war es dann auch schon.

Nur interessante Inhalte anzeigen

Wenn Microsoft zur Personalisierung der Benutzeroberfläche Ihre Einstellungen und Daten verwendet, geschieht dies zu dem Zweck, dass die Suchergebnisse, Werbeanzeigen und sonstigen Elemente perfekt auf Sie abgestimmt sind. Sie ändern die Einstellungen online sowie in einigen Produkten und Diensten von Microsoft.

☑ Ich möchte die Nutzung personalisieren und nur sehen, was gemäß meinen Einstellungen und Daten interessant für mich ist.

☐ Ich möchte Werbeangebote von Microsoft erhalten.

Neu Audio

Geben Sie die Zeichen ein, die Sie sehen.

xyspws

Durch das Klicken auf „Weiter" geben Sie Ihr Einverständnis zum Microsoft-Servicevertrag und zu den Bestimmungen zu Datenschutz und Cookies.

1x links

Zurück | Weiter

Über Einstellungen

Wenn Sie mit einem lokalen Konto angemeldet sind, können Sie sich über **Einstellungen >> Konten** bei Microsoft registrieren. Klicken Sie im folgenden Dialog auf „**Neues Konto erstellen**".

Folgen Sie nun den Anweisungen und geben Sie die geforderten Informationen ein.

Geben Sie jetzt die Zeichenfolge in das Textfeld ein und klicken Sie anschließend auf „Weiter".

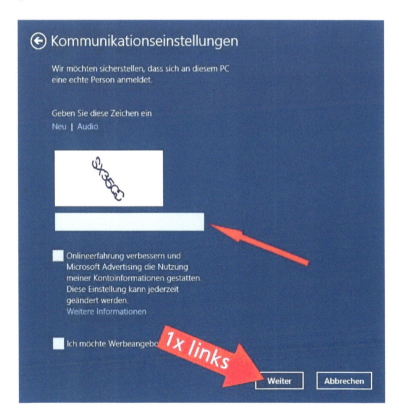

Geben Sie die E-Mail-Adresse ein, die Sie auch bei der Registrierung eingegeben haben um auf dieser Adresse den Code zu erhalten, der Ihre Registrierung abschließt.

Jetzt müssen Sie Ihre E-Mails abrufen, um den gesendeten Code zu empfangen. Geben Sie diesen in das Textfeld ein und klicken Sie auf „**Weiter**".

Das war es schon, mit einem Klick auf **„Wechseln"** wird Ihr lokales Konto in ein Microsoft – Konto umgewandelt.

Anhang

Die Tastatur im Überblick

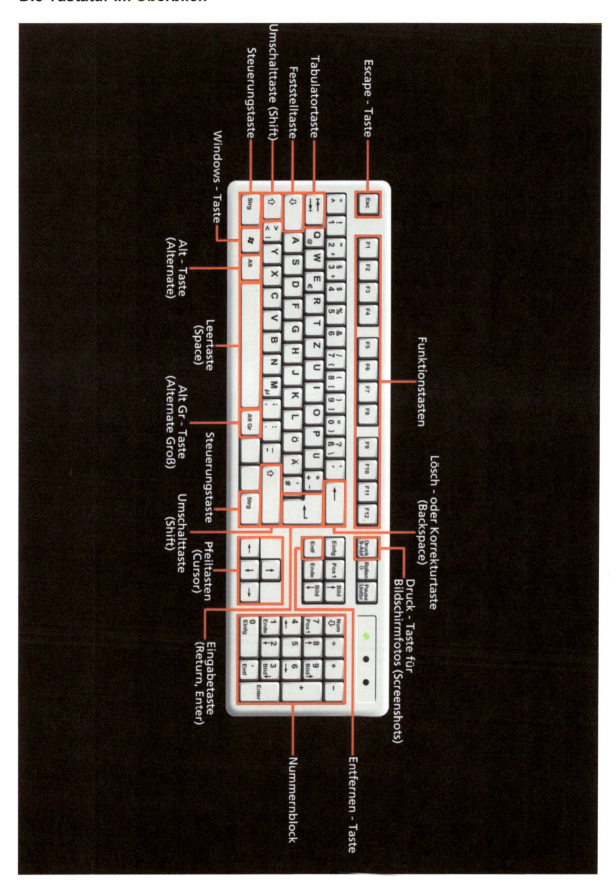

Die wichtigsten Tastaturkombinationen

STRG+N	Öffnet ein neues Fenster/Datei
STRG+C	Kopieren des ausgewählten Elements
STRG+X	Ausschneiden des ausgewählten Elements
STRG+V	Einfügen des ausgewählten Elements
STRG+Z	Rückgängigmachen einer Aktion
STRG+Y	Wiederherstellen der zuletzt rückgängig gemachten Aktion
STRG+O	Öffnet das Dialogfenster „Öffnen"
STRG+S	Speichern einer Datei
STRG+UMSCHALT+S	Speichern Unter
STRG+P	Öffnet das Dialogfenster „Drucken"
STRG+A	Markieren aller Elemente in einem Dokument oder Fenster
STRG+F	Öffnet die Suche innerhalb der Seite/Dokument
STRG+PFEIL NACH RECHTS	Verschieben des Cursors an den Anfang des nächsten Wortes
STRG+PFEIL NACH LINKS	Verschieben des Cursors an den Anfang des vorherigen Wortes
STRG+PFEIL NACH UNTEN	Verschieben des Cursors an den Anfang des nächsten Absatzes
STRG+PFEIL NACH OBEN	Verschieben des Cursors an den Anfang des vorherigen Absatzes
STRG+UMSCHALT mit einer Pfeiltaste	Markieren eines Textblocks

STRG+Mausrad	Ändern der Größe von Symbolen auf dem Desktop
STRG+F4	Schließen des aktiven Dokuments (in Programmen, in welchen mehrere Dokumente gleichzeitig geöffnet sein können)
STRG+UMSCHALT	Wechseln des Tastaturlayouts, wenn mehrere Tastaturlayouts aktiviert sind
STRG+UMSCHALT+ESC	Öffnen des Task-Managers
UMSCHALT mit einer Pfeiltaste	Auswählen mehrerer Elemente in einem Fenster oder auf dem Desktop oder Auswählen von Text innerhalb eines Dokuments
UMSCHALT+F10	Anzeigen des Kontextmenüs für das ausgewählte Element
F1	Anzeigen der Hilfe
F2	Umbenennen des ausgewählten Elements
F3	Suchen nach einer Datei oder einem Ordner
F4	Anzeigen der Adressleistenliste in Windows- oder Internet-Explorer
F5	Aktualisieren des aktiven Fensters
ALT+EINGABETASTE	Anzeigen der Eigenschaften für das ausgewählte Element
ALT+F4	Schließt das aktive Element oder beendet das aktive Programm
ALT+LEERTASTE	Öffnen des Kontextmenüs für das aktive Fenster
ALT+TAB	Wechseln zwischen geöffneten Elementen
ALT+DRUCK	Erstellt ein Foto von einem Dialogfenster
Windows-Logo-Taste ⊞	Öffnen des Startmenüs

WINDOWS+EINE DER PFEILTASTEN	Fenster in der jeweiligen Bildhälfte positionieren
WINDOWS+STRG+D	Erzeugen eines virtuellen Desktops
WINDOWS+STRG+F4	Schließen eines virtuellen Desktops
WINDOWS+STRG+PFEIL NACH LINKS oder NACH RECHTS	Zwischen den virtuellen Desktops hin und her wechseln

Informationen zum Autor

 Baujahr 1975, gehöre ich seit 2006 zum Inventar des Mediencenter 50plus. Ich habe in München „Soziale Arbeit" mit Schwerpunkt Erwachsenenbildung studiert, und so ist der Bereich Schulung in all seinen Facetten auch der Mittelpunkt meines beruflichen Schaffens im Mediencenter 50plus.

Danksagungen

Ich möchte es an dieser Stelle nicht versäumen, einigen Menschen und einem Computer Dank zu sagen. Als Erstes möchte ich meine Lebensgefährtin Kathrin Ertl erwähnen, die mich mit kritischem Blick und kulinarischen Köstlichkeiten tatkräftig unterstützt hat. Ferner möchte ich Tobias Baumann und Lilo Wendler Dank sagen, die das Buch in ihrer Freizeit lektoriert haben. Vielen Dank auch all den Teilnehmerinnen und Teilnehmern des Mediencenter 50plus Clubs, die mir konstruktive Rückmeldung bezüglich dieses Machwerks gegeben haben. Last but not least möchte ich noch den Laptop erwähnen, der während des Verfassens dieses Buches das Zeitliche gesegnet hat. Möge er in Frieden ruhen.

Impressum

Autor: Bernd Walter

Coverdesign: Bernd Walter

Lektorat: Kathrin Ertl
                    Lilo Wendler
                    Tobias Baumann
                    Robert Nolde
                    Ingmar Zastrow

Verlag: Mediencenter 50plus Edition
                    Rottmannstraße 7a
                    80333 München
                    089 / 55 29 36 00
                    info@mc50plus.de
                    www.mc50plus.de

Bildquellen: Bernd Walter, IStockphoto.com

Erscheinungsdatum: 2. Auflage November 2015